LOUIS LE CORRE

NOTICE BIOGRAPHIQUE

Consummatus in brevi explevit tempora multa : placita enim erat Deo anima illius ; propter hoc properavit educere illum de medio iniquitatum.

Ayant peu vécu, il a rempli la course d'une longue vie : car son âme était agréable à Dieu : c'est pourquoi il s'est hâté de le tirer du milieu de l'iniquité.

(Sagesse, ch. iv, ⁊. 13-14.)

PARIS

IMPRIMERIE JULES LE CLERE ET Cⁱᵉ

RUE CASSETTE, 29.

1876

LOUIS LE CORRE

NOTICE BIOGRAPHIQUE

LOUIS LE CORRE

NOTICE BIOGRAPHIQUE

Consummatus in brevi explevit tempora multa : placita enim erat Deo anima illius ; propter hoc properavit educere illum de medio iniquitatum.

Ayant peu vécu, il a rempli la course d'une longue vie : car son âme était agréable à Dieu : c'est pourquoi il s'est hâté de le tirer du milieu de l'iniquité.

(SAGESSE, ch. IV, ꝟ. 13-14.)

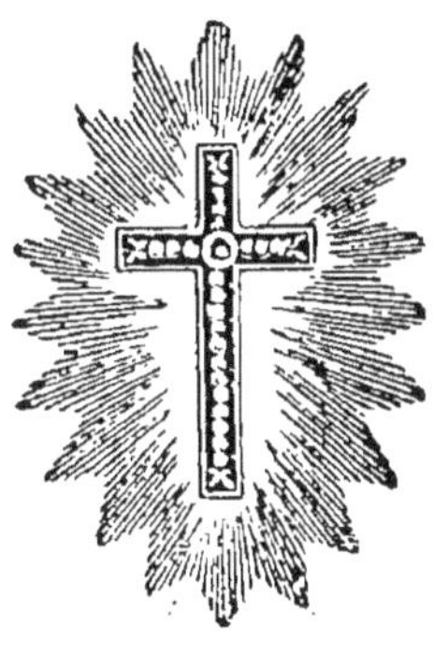

PARIS

IMPRIMERIE JULES LE CLERE ET Cie

RUE CASSETTE, 29.

1876

LOUIS LE CORRE

DÉCÉDÉ LE 21 AVRIL 1876

I

LES PREMIÈRES ANNÉES DE LOUIS.

L'histoire d'une âme est toujours intéressante, car elle intéresse Dieu et les hommes. Mais si cette âme est celle d'un enfant, si elle s'est envolée de cette terre encore innocente et pure, à un âge où elle a déjà combattu les premiers combats de la vie, mais où le souffle des passions n'a pas encore terni sa native beauté, cette histoire n'a-t-elle pas quelque chose de plus touchant, je ne sais quoi de triste et de doux tout ensemble et qui nous fait rêver du ciel ?

Louis n'avait pas encore atteint sa quinzième année quand le Dieu qui aime les cœurs purs l'a rappelé à lui. Ni ses parents, ni ses maîtres, ni ses condisciples ne pouvaient prévoir une fin si prochaine ; mais lui, depuis un an au moins, semble avoir eu de sa mort prématurée un vague pressentiment.

C'était quelques jours après son entrée au collége de Notre-Dame de Langonnet, au mois d'avril 1875. Il avait demandé pour livre de lecture les *Souvenirs de Saint-Acheul*, biographies d'enfants et de jeunes gens moissonnés au printemps de la vie, comme il devait l'être bientôt lui-même, et il parcourait ces pages avec un sensible plaisir et un vif intérêt. Il était arrivé à la fin du livre, à la dernière vie, l'une des plus poétiques et des plus touchantes sans contredit de tout le volume, celle du jeune Louis Laporte, quand un de ses maîtres étant venu à passer : « Mon père, lui dit-il d'une voix émue, si vous saviez comme c'est joli ! c'est moi qui voudrais bien mourir comme celui-là ! » — Et l'année suivante, le même mois, presque jour pour jour, il devait succomber, lui aussi, dans les mêmes sentiments de foi et de piété !

Tous ceux qui l'ont connu durant son court passage ici-bas, tous ceux qui au temps de sa dernière maladie ont admiré sur son lit de douleur la patience et la résignation de cet aimable enfant, n'ont pu s'empêcher de s'écrier, quand ils l'ont vu s'éteindre doucement, et pour ainsi dire en souriant à la mort : « C'est un petit ange ; il est au ciel ! » Oui, nous l'espérons, il est au ciel, en compagnie des Louis de Gonzague, des Stanislas Kotska, des Berchmans, qui furent ses modèles sur cette terre et qui auront accueilli avec bonheur, pour la présenter au souverain

Juge, l'âme de leur jeune ami arrivant au seuil de l'éternité ! !-

Pour nous qui avons été les compagnons de ses jeux, de ses études et de ses prières, et aussi les témoins de ses premiers combats, nous aimerons à retrouver dans ces lignes le souvenir et les traits de celui qui nous fut si cher. Et si, en parcourant ces pages, nous sentons naître en nous quelque bon désir, quelque généreuse pensée d'abnégation, de dévouement et de sacrifice, nous penserons que c'est Louis qui, comme un ange protecteur veillant à nos côtés, échauffe ainsi notre cœur et se montre encore notre ami au delà du tombeau !

Louis Le Corre naquit à Gourin, le 8 avril 1861, et fut baptisé, le même jour, dans l'église paroissiale. Dès sa plus tendre enfance, on put voir se développer dans son jeune cœur les germes de piété et de vertu qui plus tard devaient le faire chérir de Dieu et des hommes. Élevé par les soins d'une pieuse mère, il apprit à bégayer sur ses genoux les noms de Jésus et de Marie, noms sacrés qu'il aima toujours, et qu'il ne cessa de répéter à l'heure de sa mort. C'est là qu'il reçut les premiers enseignements de notre sainte religion ; c'est là qu'il puisa un tendre amour pour son Dieu et sa sainte Mère. A peine ses pieds chancelants le pouvaient-ils supporter qu'un secret instinct le poussait vers les autels de Marie. Cette dévotion naissante de Louis envers la Reine du ciel devait croître avec l'âge : elle a été comme le fil conducteur de sa vie, l'égide et la sauvegarde de son innocence. Jusqu'à son dernier soupir, il s'est réellement montré l'enfant de Marie. Il aimait d'un amour vraiment filial celle qui est notre Reine et notre Mère à tous : il lui faisait part de ses peines et de ses joies, et il avait en elle la plus absolue confiance, comme il fut si facile de le voir dans sa dernière maladie. On a retrouvé dans ses papiers, après sa mort, ces quelques mots sans date, mais dont l'écriture hésitante, qui paraît remonter à plusieurs années, trahit visiblement une main d'enfant ; ils sont, dans leur naïveté charmante, une preuve manifeste de la piété de notre jeune ami envers la sainte Vierge : « O Marie, ma bonne et tendre Mère, disait-il, vous savez bien que Louis est votre petit enfant ; conservez-le pur et innocent, ou bien venez le prendre pour aller au ciel ! »

Un enfant si dévoué à Marie devait naturellement avoir pour ses parents les sentiments du plus tendre amour, car c'est le propre de la piété de dilater, d'agrandir le cœur, bien loin de le rétrécir et de le diminuer. Louis avait appris à respecter, dans l'autorité de ses parents, l'autorité même de Dieu. On lui avait montré Jésus enfant, obéissant à Nazareth à Joseph et à Marie, et sa petite intelligence avait compris..... Aussi obéissait-il avec promptitude, toujours content et joyeux, quelque chose qu'on lui commandât.

Suivons-le rapidement dans le cours de ses premières années; voyons-le se dirigeant modestement vers l'école des Frères à Gourin, pour y apprendre les premières leçons de lecture et d'écriture : nous remarquerons son maintien sérieux, sa conduite sage et ses talents naissants. Un perpétuel contact avec les enfants de son âge, en excitant en lui une noble émulation, n'avait fait que mettre mieux en relief les heureuses dispositions de son esprit et de son cœur. Quoique le plus petit de tous, il avait sur ses condisciples un certain ascendant que nul ne s'avisait de contester, car il ne le devait qu'à sa charité et à sa bonté pour tous. Sa franchise, son caractère naturellement gai et enjoué, l'entrain qu'il apportait au jeu aussi bien qu'à l'étude, lui avaient concilié la confiance de tous ses petits camarades, et lui ne s'en servait jamais que pour les porter au bien. « On a du plaisir avec celui-là ; il raconte de jolies histoires et il vous fait rire, » disait-on en parlant de lui ; et quand il s'agissait d'aller dénicher des nids, ou de patiner sur la glace, ou d'entreprendre toute autre partie de plaisir, Louis était toujours le premier auquel on songeait pour le mettre à la tête de la petite expédition. Du reste, loin de s'enorgueillir de cette sorte de préférence dont il était l'objet de la part de ses jeunes amis, il n'y voyait qu'un motif de plus de se sacrifier pour eux quand l'occasion s'en présentait. Il avait le cœur tellement sensible, qu'on lui vit souvent les larmes aux yeux quand il arrivait à un des élèves de sa classe d'être tant soit peu puni. « Un jour, nous écrit celui de ses maîtres qui l'a le mieux connu à cette époque de sa vie, je dus infliger une légère punition à l'un de ses condisciples. Après la classe, Louis vint me trouver tout désolé! C'était à cause de lui, disait-il, que son camarade avait été puni, et il me demanda de faire lui-même la punition. Cette démarche spontanée me toucha beaucoup ; il est inutile de dire que je fus désarmé par cette franchise et que la punition fut remise. »

Tel était notre jeune ami, quand arriva pour lui l'année décisive de la première communion. La première communion! Cette seule pensée suffit pour exciter dans son âme un redoublement de zèle et de ferveur. Il étudiait attentivement la lettre de son catéchisme, en même temps qu'il se faisait remarquer à l'église par le respectueux recueillement avec lequel il accueillait la parole divine.

L'heureux moment, l'heure si désirée arrive enfin, où ce jeune cœur va recevoir son divin Maître ; il s'approche modestement de la sainte Table, il s'agenouille, les cieux s'abaissent, et, l'air rayonnant de bonheur et de joie, il revient avec l'objet de son amour, le Dieu de son cœur. Nous n'essaierons pas de pénétrer au fond de son âme : contentons-nous d'admirer les prodiges ineffables que Jésus y opère. C'est dans cette union intime avec son Dieu qu'il entrevit sa belle vocation.

Dès lors, en effet, un attrait particulier l'attire vers le tabernacle, le rapproche du sanctuaire. Louis veut être prêtre, Louis veut être missionnaire ! Il a entendu le cri déchirant de milliers et de milliers de ses frères qui, du fond de l'Afrique et de l'Océanie, attendent en pleurant le pain de la parole de vie et qui meurent de faim, parce qu'ils n'ont personne pour le leur rompre ! Et quand, pour la première fois, le cœur de Jésus a battu sur son cœur, il a compris la voix du divin Maître qui lui a dit : « Va, mon enfant, va, et fais-leur connaître mon nom ! »

Et, à partir de ce jour, Louis a eu soif de dévouement, soif de sacrifice ; son suprême regret en mourant a été de n'avoir pu réaliser jusqu'au bout sa sublime vocation. Pauvre enfant !... Mais Dieu, qui sonde les reins et les cœurs, a connu tous les nobles élans de cette jeune âme ; il a récompensé, nous n'en doutons pas, les pieux désirs que lui-même avait excités en elle. Est-ce que le soldat qui, au jour d'une bataille, tombe le premier au champ d'honneur en faisant son devoir, ne se couvre pas aussi bien de gloire que celui qui tombe seulement au soir de la journée ? Dira-t-on que les Stanislas Kotska, les Louis de Gonzague, les bienheureux Berchmans, dont les noms se sont déjà rencontrés sous notre plume au commencement de ce récit, dira-t-on qu'ils n'avaient point la vocation sacerdotale, parce qu'ils sont morts sans être parvenus au sacerdoce? Non, non; mais la Providence a des mystères qu'il ne nous appartient pas de sonder, devant lesquels nous ne pouvons qne nous taire et adorer la sagesse éternelle!

Louis passa encore quelques années à Gourin après sa première communion; un prix, remporté au concours cantonal en 1872 termina dignement le cours de ses premières études. Bientôt après il reçut des leçons de latin d'un des vicaires de la paroisse qui s'intéressait à lui, et c'est seulement à la rentrée de Pâques 1875 que ses parents le présentèrent pour la classe de septième au collége de Notre-Dame de Langonnet. Cette première séparation lui causa quelque peine, et ce ne fut pas sans un certain serrement de cœur qu'il franchit le seuil de cette maison, que l'année suivante, un mois avant sa mort, il devait quitter avec tant de chagrin, emportant les regrets de tous ses condisciples, qui l'aimaient déjà comme un frère.

II

LES DÉBUTS DE LOUIS AU COLLÉGE DE N. D. DE LANGONNET.

Louis, qui jusqu'à cette époque avait toujours vécu au sein de sa famille, se trouva en entrant au collége un peu dépaysé. C'était une vie nouvelle, dont il ne s'était point encore fait l'idée, et il ne voyait point sans étonnement cette suite non interrompue d'exercices de piété, d'études, de classes et de récréations lui, commençant le matin au son de l'*Angelus*, ne finissaient que le soir au son du couvre-feu.

Un peu timide au commencement, il n'osait pas trop se mêler d'abord à la troupe joyeuse de ses nouveaux condisciples. On ne se fait pas en un jour à la vie régulière de la discipline : le soldat qui arrive au régiment ne parvient pas à emboîter le pas du premier coup. Mais Louis avait le cœur si bon que quelques petites amabilités de ceux-ci, quelques prévenances de ceux-là, l'eurent bien vite rassuré et eurent calmé en peu de temps l'amertume de ses regrets. Dès ce moment, Louis se montra tel qu'il était, tel que nous devions le connaître jusqu'à la fin : doux, affable, obligeant.

Ce fut d'abord dans les récréations qu'il nous fut donné d'apprécier l'heureux caractère dont il était doué. Bien que sa nature paisible ne le portât point vers les jeux bruyants qui sont en usage dans les colléges, comme la balle, la tèque, les barres, le pas de géant, etc..., il s'y prêtait cependant volontiers dès qu'il s'agissait de rendre service, soit pour remplacer quelque condisciple absent, soit pour compléter dans une partie le nombre des joueurs. Autrement, les billes, les charades en action et autres petits jeux étaient ses amusements favoris. On pouvait même parfois lui reprocher de ne point prendre assez d'exercice, de ne point se donner assez de mouvement. Le surveillant des petits nous a dit que c'est la seule observation qu'il ait jamais eu à lui faire. Louis essaya d'en profiter, et déjà il avait beaucoup gagné sous ce rapport, quand la maladie vint le surprendre et le contraignit à garder l'infirmerie.

Dès les premiers jours, Louis se montra en classe un élève studieux : ses professeurs avaient bien vite reconnu ses talents et sa vertu, et ses progrès ne tardèrent pas à répondre à leurs espérances. L'année de sa septième, bien qu'il n'eût passé que trois mois au collége, nous voyons son nom figurer sur le palmarès parmi ceux des meilleurs élèves de sa classe. Mais les succès n'étaient point le but de ses efforts : plus sublime était son ambition, plus grandes étaient ses vues. Il savait que la science est nécessaire au prêtre, à l'apôtre, et s'il travaillait avec ardeur à l'acquérir, c'était pour se rendre capable de remplir un jour dignement sa mission. Il voulait aussi faire plaisir à ses parents, et quand il se réjouissait des bons temoignages et des bonnes notes qu'il obtenait chaque semaine, c'était à cause du bonheur qu'il pourrait par là leur procurer.

D'ailleurs, au besoin, Louis savait fort bien se servir d'une première place remportée en composition, comme d'un argument décisif pour obtenir de son père ce qu'il désirait. Peu de temps après la Fête-Dieu, durant sa première année de collège, devait avoir lieu la sortie du mois. Les parents de Louis, à cause de la distance et de leurs occupations, l'avaient fait prévenir qu'il ne devait point compter se rendre ce jour-là à Gourin. Aussitôt il leur adresse la lettre suivante :

« N. D. de Langonnet, 6 mai 1875.

« Cher Père,

« Depuis que j'ai reçu votre lettre, j'ai été déchargé « de ce fardeau qui m'accablait, car, ne recevant « point de vos nouvelles, j'étais très-inquiet.

« Aussi vous ne pouvez comprendre la joie que m'a « causée votre lettre en la recevant. Mais quelle n'a « pas été ma surprise en voyant que ce que vous « m'aviez promis dans vos deux premières lettres « n'allait point se réaliser ! La première promesse a été « accomplie en partie : maman est venue me voir ; mais « vous, cher père, vous m'aviez promis de venir aussi

« et vous n'êtes point venu... Mais, puisque cela vous
« est impossible, permettez-moi d'aller vous voir moi-
« même à Gourin, le jour de la sortie. Cher père,
« ne me refusez point le bonheur que j'aurais à vous
« voir tous réunis! Ah! L. C... et S... cheminant vers
« la maison, tandis que moi je resterais ici !... Vous
« craignez ma faiblesse dans la marche. Non, car,
« en partant d'ici à dix heures, nous serons tous
« trois à Gourin à midi et demi, une heure au plus
« tard. Aussi, cher père, accordez-moi ce que je vous
« demande, et, ne serait-ce que parce que j'ai été
« le premier dans ma dernière composition, ne me
« refusez pas.

« En attendant une réponse qui apporte de bonnes
« nouvelles, je vous embrasse tendrement.

« Louis Le Corre. »

Il était impossible de refuser une demande faite
en termes si affectueux, et le voyage à Gourin eut lieu
le jeudi suivant, comme Louis le désirait.

Cette lettre est une des premièrcs que cet excellent
enfant ait écrite après son entrée au collége de Notre-
Dame de Langonnet. Peu de temps après, il en
adressait une autre au frère qui avait été son professeur à l'école de Gourin. Elle prouve que la recon-
naissance et l'affection pour ses anciens maîtres
occupaient dans son jeune cœur une large place.

« N. D. de Langonnet, 16 mai 1875.

« J'avais promis, mon cher frère, de vous écrire,
« dès que je serais un peu habitué au collége. Je
« m'y trouve très-bien, et je n'ai qu'un regret, c'est
« celui d'être éloigné de mes parents ; mais puisqu'ils
« veulent que je sois ici, c'est une raison de plus
« pour moi de m'y plaire. D'ailleurs, j'espère les
« voir souvent, ainsi que vous, mon cher frère, à
« l'Abbaye, et je m'en réjouis d'avance......

« Ah ! le bon temps que celui où jadis, avec mes
« petits camarades de Gourin, j'allais dénicher des
« nids ! Mais ici, par exemple, on ne touche plus aux
« nids, on se contente de les regarder au haut des
« arbres, ou dans les buissons, et l'on passe son che-
« min. Les petits oiseaux sont plus heureux à Lan-
« gonnet que chez nous, car personne ne leur fait la
« guerre. Dites à mes petits camarades que je pense
« souvent à eux.

« Louis LE CORRE. »

Comme nous le voyons, Louis, un mois à peine
après la rentrée, se trouvait déjà au collége comme
dans son véritable élément. Connaissant désormais le
règlement, il s'efforçait de le suivre de son mieux et
de mettre en pratique les sages avis et les salutaires
conseils de ses directeurs. Il était sincèrement pieux,
de cette piété naïve et simple, fruit de l'innocence

conservée et des joies surnaturelles que donne la grâce de la première communion. Autant il était gai et enjoué en récréation, autant il était recueilli à la chapelle et dans tous les exercices de piété. Non content d'observer ponctuellement les exercices prescrits, il avait ses petites pratiques de dévotion. Tous les jours, ainsi que l'ont remarqué ses condisciples, il faisait une visite au Saint-Sacrement et à la très-sainte Vierge, et le soir, avant de se coucher, il récitait à genoux au pied de son lit un *Ave Maria*, pour mettre son sommeil sous la protection de la Reine des Anges, et un second pour s'endormir dans de pieuses pensées.

C'est par cette conduite édifiante qu'il se préparait à entrer dans la congrégation des Saints-Anges, dont il avait été reçu approbaniste, quand arrivèrent les grandes vacances.

Cette époque, loin d'être pour lui un temps de relâchement, ne fit que le confirmer de plus en plus dans les pieuses habitudes qu'il avait contractées au collége. Le but d'une de ses promenades favorites était, nous a-t-on dit, la grotte du Saint. Située non loin de Gourin et à peu de distance du village dont elle porte le nom, la grotte du Saint est une délicieuse miniature de la grotte de Lourdes. On y retrouve, mais dans de moindres proportions, et les roches abruptes de Massabielle entre les fentes desquelles poussent le lierre et l'églantier sauvage, et la fontaine miraculeuse, et le gave qui jaillit en cascades du haut de la montagne et s'enfuit avec un doux murmure à travers les prairies. C'est là que bien souvent, aux pieds de la Madone Immaculée, Louis vint s'agenouiller; c'est là qu'il aimait à venir épancher sa jeune âme dans le cœur de la Vierge Mère, et Marie, sans doute, du haut du ciel lui souriait, comme elle souriait à la petite Bernadette !

Louis rapporta de ces pieuses excursions un plus ardent amour pour la sainte Vierge et un plus grand désir de se consacrer à elle et de l'honorer ici-bas de tout son pouvoir, en attendant qu'il pût l'honorer face à face dans le ciel ! Tous ses vœux allaient être exaucés.

III

LOUIS ELÈVE DE SIXIÈME. — SES ETUDES. SES SUCCÈS.

« Il est une vertu qui résume toutes les vertus d'un
« bon écolier et qui a surtout fait le caractère distinctif
« de cet élève, ravi trop tôt à notre tendresse : la régu-
« larité. Ce n'est pas peu à cet âge turbulent de l'en-
« fance, de jouer, d'étudier, de prier, suivi partout
« du matin au soir par l'œil vigilant des maîtres,
« sans jamais encourir de réprimándes, sans donner

« lieu à aucune plainte ; c'est cependant ce qu'il a fait
« pendant les deux années qu'il a passées au collége
« et surtout l'année de sa sixième. » -

Tel est le témoignage que rend de Louis celui
de ses maîtres que ses fonctions mettaient à même
de le suivre plus attentivement. Dès le commencement de cette nouvelle année, Louis fit dans sa classe
de louables et généreux efforts pour n'être point trop
inférieur à ses condisciples, qui avaient sur lui pour
la plupart l'avantage de l'âge et d'un cours de latin
régulièrement suivi. On l'avait jusque-là mené un
peu au pas de course : il avait sauté presque deux
classes, et il se trouvait naturellement en retard pour
certaines matières. Aussi avait-il des lacunes à com-
bler : néanmoins il parvint à se maintenir géné -
ralement dans la première moitié de la classe. Il
n'avait point, il est vrai, cet esprit vif et prompt qui
conduit rapidement au succès, mais en revanche il
était doué d'un jugement droit, pénétrant et servi
par une mémoire assez heureuse. N'ayant point le
travail facile, il y suppléait par une application cons-
tante, et il savait compenser cette vivacité à l'œuvre
qui n'était point dans sa nature par une diligence
consciencieusement exacte. Certain défaut organique
que l'habitude avait fortifié, rendait sa prononciation
hésitante et saccadée. Averti de ce défaut, il entreprit de le combattre et, à force de bonne volonté, il
y réussit presque complétement.

Ses devoirs, en général, étaient fort bien soignés et fort bien écrits. On y retrouvait cet esprit d'ordre et de clarté que Louis apportait aux plus petites choses. Il avait l'excellente habitude d'inscrire en tête de chacune de ses copies quelque pieuse devise, quelque bonne pensée. Parmi celles qui nous ont le plus frappé, nous ne citerons que celles-ci :

« *Credo quia verus ;*
« *Amo quia bonus.*
« Aujourd'hui sur la croix et demain dans le ciel ! »
« Soyons toujours contents. »
« O Jésus, faites que je vous aime de plus en plus ! »
« Aide-toi, le Ciel t'aidera. »

La plupart du temps, c'était une petite louange ou une courte invocation à Marie ! « Gloire à Marie ! — Marie, sauvez-moi ! — Salut, ô Vierge Immaculée ! — *O Maria, monstra te esse mastrem ! — Ave, maris stella. — O Virgo amabilis. — Mater Dei, mater mea. — Tuus sum ego, salvum me fac, o Maria !* »

D'autres fois, c'était quelque pensée tirée de son propre fond, ou quelque vieux proverbe qu'il savait modifier à sa façon, suivant les circonstances. C'est ainsi que nous lisons sur l'un de ses devoirs deux vers de la Fontaine, qu'il s'était ingénieusement appliqués à lui-même :

« Ni mon thème, ni ma version.
« Ne se feront à babiller ?

Nous ne voulons point multiplier ces citations : celles-ci suffisent pour montrer quelles étaient les tendances et les aspirations de cette jeune intelligence.

Les devoirs que Louis préférait et où il réusissait d'ordinaire le mieux, c'étaient les versions grecques et les petites compositions françaises qui se donnaient de temps à autre dans la classe. Il savait y mettre de a verve et de l'entrain, et son style, bien qu'encore un peu embarrassé, avait quelque chose d'original et de piquant, qui laissait concevoir pour l'avenir les plus légitimes espérances. Un jour, on avait donné une petite narration sous ce titre : « Mes impressions de collége. » Louis, adoptant la forme épistolaire qui lui était plus familière et s'adressant à un ami, débutait ainsi :

« Aujourd'hui, il faut que je te raconte, cher ami,
« mes impressions de collége. Mais par où com-
« mencer? par la première naturellement : celle qui
« pour moi se renouvelle chaque matin à cinq heures
« et qui m'est causée par le son de la cloche du lever.
« Hein! pour ceux qui aiment bien la paillasse, ce
« n'est pas la plus douce des impressions de la journée,
« celle-là! On commence par se frotter les yeux, par
« s'étirer les bras et par pousser un formidable bâil-
« lement. On se demande si, oui ou non, on va pou-
« voir se lever. Mais voici le surveillant qui passe.
« Halte-là! debout! ou bien gare!..... Il se promène
« tout le long du dortoir et, avec l'habitude, son pas

« monotone nous aide à nous lever, absolument
« comme le son du clairon ou le roulement du tam-
« bour aide les soldats à marcher au pas..... »

Louis aimait la classe dont il faisait partie; il la
regardait comme une seconde famille. Il écoutait
avec la plus grande attention les explications du professeur et savait fort bien les résumer au besoin.
Il venait même parfois lui demander après la classe
des renseignements sur certaines questions qu'on
avait vues un peu rapidement. Les compositions
étaient pour lui un nouveau stimulant au travail ;
il tenait son père au courant de ses efforts et de ses
succès, et nous trouvons dans une de ses dernières
lettres ces paroles significatives : « Ah ! si je pouvais
vous contenter autant que ma sœur ! elle a de la
chance, elle se porte bien et peut bien travailler ;
mais moi, je ne le puis plus..... » Et il avait écrit en
post-scriptum dans cette même lettre : « Jai composé
ce matin en arithmétique ; j'ai été le premier en
orthographe. Venez me voir : Adieu ! adieu !..... »

Mais, si Louis avait de l'émulation, il savait la
contenir dans de justes bornes, et son cœur simple et
bon ne connut jamais la jalousie : il aimait tous ses
condisciples et il en était sincèrement aimé. On le
vit bien la première fois que Louis fut proclamé le
premier en composition : il se manifesta tout autour de lui un mouvement de joie et de satisfaction
qui prouvait que tout le monde était presque aussi

content que lui de cet heureux résultat. Hélas! il ne devait plus rester longtemps au milieu de nous !

C'était vers la fin de mars, au commencement de sa maladie. Louis, que le mal minait déjà sourdement, travaillait depuis huit jours à l'infirmerie, mais il s'ennuyait et voulait à tout prix reprendre ses études ordinaires et assister à la classe, comme les autres élèves. Une après-midi nous le vîmes arriver marchant lentement, pâle, affaibli, mais le visage toujours plein de calme et de sérénité. Il s'assit à sa place accoutumée, et pendant une heure suivit attentivement l'explication et la correction des devoirs. Bientôt la fatigue l'emporta et il s'endormit. L'un de ses voisins, ne le sachant pas aussi malade, le poussa du coude pour le réveiller. Louis leva la tête, sourit, et, se sentant de plus en plus faible, demanda au professeur la permission de se retirer.

En le voyant partir, tous ses condisciples semblèrent comprendre qu'il ne reprendrait plus cette place, où nous l'avons vu tant de fois : une ombre de tristesse passa sur tous les fronts, et pendant la durée de sa maladie il n'y eut point de jours sans qu'on parlât de lui en classe, ou sans que l'un ou l'autre de ses condisciples demandât de ses nouvelles. Mais, avant d'aller plus loin, nous devons dire un mot de la piété et des vertus de cet aimable enfant.

IV

LA PIÉTÉ ET LES VERTUS DE LOUIS.

Ce n'était point seulement en classe que Louis se faisait remarquer par sa conduite édifiante et ses heureuses qualités : s'il nous est permis de juger de sa vie d'après les différents rapports de ses condisciples et de ses maîtres, il fut partout et toujours un modèle par son application à l'étude, et surtout par sa piété. Il profita de la retraite annuelle qui a lieu au collége à l'époque de la Toussaint, pour renouveler tous ses bons sentiments, toutes ses pieuses résolutions. Après chaque instruction, il prenait note de ce qui l'avait le plus frappé dans le sermon qu'il venait d'entendre. Un jour, le père prédicateur prêcha sur la mort. Voici ce que nous trouvons dans les résumés de Louis : « On nous a aujourd'hui « parlé de la mort, la mort punition du péché. On « nous a dit : Vous êtes forts, vous êtes jeunes, vous « êtes pleins de santé ; vous espérez tous vivre long- « temps. Mais qui sait... qui sait si l'an prochain « vous vous retrouverez tous sur ces mêmes bancs !... « qui sait si la mort n'aura pas frappé quelqu'un, « peut-être même plusieurs d'entre vous ! Et chacun « de ceux qui m'entendent doit se dire : Celui que la « mort peut frapper cette année, c'est peut-être « moi ! »

Ces paroles avaient produit sur Louis une vive impression , on eût dit qu'il prévoyait déjà que celui qui devait tomber le premier, c'était lui !

A la fin de la retraite il ne prit qu'une seule résolution, mais celle-là renfermait implicitement toutes les autres : « Dévouement absolu à Marie, confiance « entière en elle. La prier de nous obtenir de Jésus ce « qu'elle sait nous convenir le mieux. »

Sa dévotion à Marie éclatait en toutes circonstances : il portait sur lui le scapulaire de l'Immaculée-Conception, et tous les soirs, en se couchant, il prenait son chapelet, le passait à son bras et le récitait jusqu'à ce qu'il fût endormi. A l'étude, il ne travaillait jamais sans avoir devant lui une statuette de la sainte Vierge ou une image du Sacré-Cœur de Jésus. Aussi n'est-il pas surprenant que, sous de pareils auspices, Louis fût un de ceux qui se tenaient le mieux dans la division des petits. On l'avait remarqué, et l'un de ses condisciples disait un jour au Père Directeur : « Je suis bien aise d'être à côté de lui « à l'étude, car il me fait avoir de bonnes notes ; il « travaille bien, ne cause pas et m'empêche de me « dissiper. »

Louis, qui chérissait Marie, ne pouvait manquer d'avoir pour Jésus les sentiments du plus tendre amour ; car, suivant la belle parole du P. Faber (1),

(1) *Tout pour Jésus*, ch. 1.

« qui peut aimer la Mère, sans que son cœur ne s'enflamme en même temps pour le Fils ?» C'était surtout Jésus-Eucharistie qui était l'objet de ses hommages et de ses adorations. Un pieux attrait le portrait vers la sainte communion : il avait faim de ce céleste aliment, et on le voyait souvent s'approcher de la sainte Table. Il savait que le divin Maître a dit : « Laissez venir à moi les petits enfants, » et il allait à lui en toute confiance et abandon. Depuis qu'il avait été reçu dans la congrégation des Saints-Anges, le 8 décembre, il ne manquait jamais de faire la sainte communion à toutes les fêtes de Marie.

Sa réception dans la congrégation des Saints-Anges n'était pour lui qu'un acheminement vers la congrégation de la Sainte-Vierge, dans laquelle il désirait entrer depuis fort longtemps. Mais, comme ses désirs ne pouvaient encore être remplis, il fut nommé en attendant zélateur du Sacré-Cœur.

Avec quel zèle et quelle joie il s'acquittait de cette nouvelle fonction si chère à son cœur ! On le voyait allant chaque jour avertir ceux de ses condisciples qui devaient faire la Communion réparatrice le lendemain, tous les mois leur distribuant les billets de la Garde d'honneur et du Rosaire vivant, et contribuant ainsi de tout son pouvoir à l'accroissement de la dévotion au Sacré-Cœur de Jésus. Tel était son amour pour ce Cœur adorable que, non content de communier à son tour, il demanda à son directeur la per-

mission de faire quelques communions suréroga-
toires, parce que, disait-il, en sa qualité de zélateur, il
devait avoir des droits particuliers à s'approcher plus
souvent de Notre-Seigueur. Les jours de communion
étaient pour lui de véritables jours de fête : il avait
un petit almanach où il prenait soin de marquer ces
jours à l'avance par une croix à l'encre rouge. Il se
préparait à cette grande action par un redoublement
d'application et d'exactitude, et, les jours où il avait
le bonheur de recevoir son Dieu, l'air de contentement
qui régnait sur son visage, son recueillement qui chez
lui s'alliait si bien avec une douce gaieté, montraient
assez combien il savait apprécier la faveur qu'il avait
reçue de son Bien-Aimé !

Le mois de l'enfant Jésus, celui du glorieux saint
Joseph et celui de la Reine des anges étaient aussi par-
ticulièrement chers à son cœur. Quand il s'agit, à
l'époque de Noël, de construire dans l'étude même
une petite crèche, Louis fut un des premiers à venir
offrir sa modeste offrande et demanda ensuite à y
travailler. D'ailleurs, sa générosité était bien connue :
il n'y avait point au collége une bonne œuvre à
laquelle il ne voulût contribuer, suivant ses moyens.
Depuis longtemps il s'était enrôlé dans la grande
œuvre de la Propagation de la Foi, heureux du moins
de s'associer ainsi aux travaux des missionnaires, en
attendant qu'il pût faire davantage, et, si Dieu le per-
mettait, qu'il pût se sacrifier lui-même pour le salut

de ses frères ! « *Impendam, et superimpendar* (1) ! »

Dieu, qui avait inspiré à ce jeune cœur un aussi vif désir de la perfection, ne pouvait manquer de l'assister dans la lutte qu'il entreprit pour se vaincre lui-même.

Louis eut d'autant plus de mérite à entreprendre cette guerre généreuse, qu'il semblait avoir reçu du ciel une excellente nature, mais où il entrait plus de douceur que d'énergie. Il avait, on peut le dire, le défaut de ses qualités, et si sa piété n'eût point été aussi solide, il eût pu parfois se laisser entraîner par quelque condisciple moins fervent et moins régulier que lui. On lui montra que là était le point faible par où l'ennemi pouvait l'attaquer, et il concentra de ce côté tous ses soins et tous ses efforts.

En déclarant la guerre à l'amour-propre, en se détachant de lui-même, Louis ne pouvait manquer de faire de rapides progrès dans la pratique de l'o-béissance et de l'humilité. Ces deux vertus lui étaient également chères : il s'efforçait de bien faire son devoir et de passer inaperçu au milieu des autres élèves, mettant ainsi en pratique ce conseil de l'*Imitation*, qu'il eût pu prendre pour devise : *Ama nesciri.* Mais la vertu qui en lui dominait toutes les autres,

_____

(1) Je sacrifierai tout et je me sacrifierai moi-même. (*Livres Saints.*)

au témoignage de tous ses condisciples, c'était la charité. Il ne pouvait entendre parler mal de personne; jamais un mot blessant n'est sorti de sa bouche, et s'il voyait que la charité était compromise en une occasion, il s'empressait de détourner la conversation; si ses efforts étaient sans résultat, il baissait les yeux et gardait un silence significatif. On eût dit que c'était lui-même qu'on attaquait.

Dans ses lettres il montrait la même prudence et la même réserve charitable que dans ses conversations. L'un de ses amis lui ayant écrit : « Ne te fie pas à X***, » Louis répondit par ces mots : « Pourquoi veux-tu que je me défie de celui-là? c'est un bon élève cette année, et un bon enfant. Je crois que tu te trompes sur son compte : pour moi, je n'ai jamais eu qu'à me louer de lui. »

Il n'est pas étonnant, d'après cela, que Louis détestât cordialement les amitiés particulières, cette peste des colléges où l'on critique amèrement maîtres et condisciples. Aussi avait-il soin chaque jour de varier ses compagnons de jeu, ne choisissant pas, mais allant toujours avec les premiers qui se présentaient. Autant il n'aimait point entendre médire de ses condisciples, autant il se plaisait à faire leur éloge et à entretenir avec eux de bons rapports. S'il lui était arrivé de faire de la peine à quelqu'un d'entre eux, même involontairement, il allait le trouver ensuite pour lui demander pardon. Un jour, une

brouille était survenue·entre lui et l'un de ses camarades, nous ne savons trop à quel propos. Lui qui
ne se fâchait jamais, avait paru se fâcher en cette
circonstance. Cela durait depuis deux jours, et le
dimanche suivant était jour de commuuion générale.
A la récréation qui suivit la messe du matin, Louis
aborde ce condisciple qu'il croyait avoir offensé, et,
d'un ton de bonne humeur : « Allons, mon vieux,
dit-il, nous avons communié tous les deux ce matin;
nous n'allons pas rester plus longtemps fâchés, je
pense. » Et les deux amis, bien vite réconciliés, allè-
rent ensemble en promenade l'après-midi, ne se sou-
venant déjà plus du nuage qui avait passé un instant
sur leurs cœurs.

Louis était toujours prêt à obliger, chaque fois
qu'on lui demandait quelque service. Ses bonnes
manières, ses prévenances, le calme et le sang-froid
avec lesquels il savait se tirer de circonstances parfois
embarrassantes, lui avaient concilié l'affection de toute
sa division. C'était surtout à l'égard des nouveaux
que Louis déployait toutes les ressources de sa charité, il se souvenait sans doute que ses premiers jours
de collége avaient été pour lui les plus pénibles, et il
cherchait à éviter aux autres les épreuves par où il
avait lui-même passé !

« Louis est un bon garçon, » disaient de lui ses
condisciples, et ce mot est à la fois le plus bel éloge
et l'expression la plus vraie des qualités du cœur

qu'il avait reçues de Dieu et que ses parents et ses premiers maîtres avaient si bien développées en lui.

Mais toutes ces vertus, que nous n'avons pu ici qu'esquisser à grands traits, allaient bientôt briller d'un éclat nouveau en passant par le creuset des souffrances. Hâtons-nous de raconter les derniers combats de notre jeune ami.

<hr>

V

LA CONGRÉGATION DE LA SAINTE-VIERGE. MALADIE ET MORT DE LOUIS.

Vers le commencement du mois de mars 1876, au milieu de l'année scolaire, Louis, qui jusque-là avait joui d'une assez bonne santé, bien qu'un peu délicate, ressentit tout à coup les premières atteintes de la maladie qui devait en peu de temps le conduire au tombeau. Le mal tout d'abord ne s'annonça pas avec des symptômes bien effrayants : une toux légère, quelquefois des maux de tête, c'était tout ce dont il se plaignait, et comme il suivait toujours le règlement et les exercices communs, on put croire d'abord à une indisposition passagère.

Mais vers le 15 mars, à la suite d'une promenade à Gourin, qu'il avait voulu entreprendre malgré son état de faiblesse, les symptômes prirent soudain un autre caractère. Un examen attentif du médecin nous découvrit enfin la triste réalité : un appauvrissement de sang, dû probablemeut aux atteintes d'une méningite, rendait des plus graves l'état du jeune malade. Toute espérance de santé n'était pas encore perdue, mais le danger était imminent. Pour lui, il conservait quelque espoir de guérir, mais il ne fut pas de longue durée. Cependant un dernier rayon de soleil, comme à la fin d'un beau jour, devait luire encore sur cette existence trop tôt moissonnée. On était arrivé au 25 mars, fête de l'Annonciation, et en ce jour, après lequel il avait tant soupiré, Louis allait enfin entrer dans la congrégation de la Sainte-Vierge et se consacrer corps et âme à sa Mère bien-aimée. C'était une dernière faveur que Marie voulait accorder à son enfant et qui devait être à la fois le couronnement et la récompense de sa pieuse vie de collége.

Ce jour-là, dès le matin, bien des cœurs battaient de joie et d'espérance en attendant l'heure de cette touchante cérémonie, qui était pour tous une vraie fête de famille, où Marie devait présider comme Reine et comme Mère. Le soleil, un soleil de printemps, succédant au temps sombre et brumeux des jours précédents, s'était levé radieux à l'horizon : la nature, elle aussi, semblait vouloir prendre part à la fête.

Sept heures sonnent : aussitôt les bruyantes et joyeuses fanfares de la musique donnent le signal impatiemment attendu ; les deux divisions, grands et petits, rangées en bon ordre au milieu de la cour, s'ébranlent, et, musique en tête, se dirigent vers le sanctuaire de Marie. La chapelle magnifiquement ornée présentait alors le plus gracieux spectacle : partout des oriflammes, partout des guirlandes, partout des fleurs ! Au fond du sanctuaire, toute rayonnante de lumière, apparaissait la statue de Marie, la Vierge Mère tenant l'enfant Jésus entre ses bras. Tous les cœurs étaient émus, tous les cœurs étaient heureux. Louis au milieu de ses camarades oubliait ses souffrances, et, en contemplant cette scène touchante, versait des larmes de bonheur.

Soudain la musique se tait ; le chant du *Veni Creator* retentit sous les voûtes de la chapelle, et bientôt, des marches de l'autel, un des Pères adresse aux futurs congréganistes quelques paroles qui remuent l'âme de ses jeunes auditeurs. « Que vous êtes heureux, mes amis ! s'écrie-t-il. C'est en ce beau jour, en ce jour anniversaire de celui où Jésus a voulu devenir l'enfant de Marie, que vous allez devenir les enfants de cette bonne Mère ! »

Enfin le moment solennel est arrivé ; tous s'agenouillent au pied de l'autel et ensemble prononcent la formule de consécration. Comment donner une idée de la ferveur avec laquelle Louis mêla sa voix à celle de ses jeunes compagnons! Comment dépeindre la joie dont son âme était remplie! Il était vraiment là au milieu de ses frères, sous le regard de sa Mère bien-aimée, et pendant la distribution des médailles son cœur redisait encore, quand sa voix ne pouvait plus chanter : *Ecce quam bonum et quam jucundum habitare fratres in unum!* Durant la sainte Messe qui suivit cette belle cérémonie, tous les nouveaux congréganistes s'approchèrent de la sainte Table et le sang de Jésus vint comme sceller l'acte de leur consécration à Marie!

Louis, rentré à l'infirmerie après l'action de grâces, y passa paisiblement le reste de la matinée. Il paraissait même avoir repris un peu de forces et il souffrait moins qu'auparavant. L'après-midi, de la chambre qu'il occupait, il entendit tout à coup les sons de la musique instrumentale et les cris joyeux de ses condisciples, les nouveaux congréganistes, qui partaient pour une demi-grande promenade accordée en leur honneur. Louis se dirigea vers la fenêtre, et les regarda passer ; puis, quand il les eut vus disparaître au détour du pont, il demeura quelque temps pensif, et, après que les derniers échos de la musique se furent perdus dans le lointain, il revint sur sa chaise et se mit à pleurer : c'était la nature qui réclamait ses droits. Ses compagnons allaient si bien s'amuser, pensait-il, tandis que lui, qui avait autrefois si souvent pris part à leurs jeux, il ne pouvait même plus les suivre, il était trop faible ! « Mon Dieu, mon Dieu, s'écria-t-il, je souffre trop ! » Et aussitôt après, comme s'il regrettait déjà cette parole qui venait de lui échapper, il ajouta : « Enfin, puisque vous le voulez, mon Dieu, et moi aussi ! » Et, levant ses yeux humides de larmes vers une statue de la sainte Vierge placée devant lui : « O Marie, dit-il, moi qui ce matin suis devenu votre enfant, ne m'abandonnez pas ! »

Depuis ce moment, Louis se montra parfaitement résigné à la souffrance ; plus le mal s'aggravait, plus aussi la patience du malade augmentait. Quelquefois on l'entendait pousser de petits gémissments plaintifs ; alors il saisissait d'une main débile le crucifix attaché au chevet de son lit, et, d'une voix où passait tout l'amour dont son cœur était rempli, il prononçait ces mots : « O mon Jésus ! »

Les parents de Louis connaissant son état, et espérant qu'un changement d'air et les soins de la famille pourraient lui faire du bien, le demandèrent auprès d'eux. Quand le Père Directeur lui communiqua ce désir, Louis répondit que ses parents avaient toujours été bien bons pour lui, mais qu'en le voyant si changé, ils auraient sans doute beaucoup de peine. « Et puis, ajouta-t-il avec un sourire indéfinissable, je vois que c'est inutile. J'ai reçu ce matin mon billet de la Garde d'honneur, et il me semble que c'est un avertissement que Notre-Seigneur veut bien m'envoyer, pour que je me tienne prêt. Lisez plutôt ! » Le

Père prit le billet et y lut ce qui suit : « Enfant privilégié du Sacré-Cœur, Jésus a jeté sur votre jeune âme *un regard de préférence,* auquel il faut répondre par une conduite édifiante et modèle. Notre-Seigneur vous aime plus qu'un autre ; c'est pour cela que vous devez l'aimer, le servir mieux que ne le font les autres enfants qui vous entourent. »

« Vous pensez donc bientôt aller au ciel ? lui dit le P. Directeur en lui remettant le billet. — Oui bientôt, répondit-il simplement ; mais, ajouta-t-il avec cet enjouement qui ne le quittait jamais, je pense qu'il me reste encore quelques jours avant le départ, et comme le voyage est long, il faut que je mette ma malle bien en ordre ! »

Le Père, le voyant si bien disposé, lui parla alors du bonheur du ciel, lui recommanda de ne point oublier, quand il serait près de Dieu, ceux qui l'aimaient ici-bas, et lui dit de prier beaucoup en attendant. « Tenez, mon Père, reprit Louis, voilà encore une petite image ; elle m'a été donnée par un prêtre de ma paroisse ; c'est l'essai de la couronne. Voyez, Marie qui essaie la couronne à un petit enfant reposant sur ses genoux. L'enfant s'écrie : « O Marie, je n'en puis plus, venez à mon aide. » Et Marie lui répond : « Prends courage, mon enfant, l'épreuve va finir, le mérite reste, ta couronne se forme. Dieu lui-même sera ta récompense ; sa main paternelle essuiera pour toujours les larmes de tes yeux, et tu te reposeras à jamais dans l'océan de son amour ! — Mon père, je me figure que je suis ce petit enfant et que c'est moi que Marie encourage ainsi. »

On voit par là que Louis ne se faisait pas illusion sur son état, et qu'il se disposait à la mort avec une ferveur et un calme admirables !

Le jeudi suivant, Louis partait pour Gourin ; il fit ses adieux à ses condisciples avant la promenade. L'un d'eux lui ayant dit, en lui serrant la main : « Au revoir, Louis ! après Pâques, n'est-ce pas ? — Peut-être, » répondit-il. Pauvre Louis, il savait bien qu'il partait pour ne plus revenir.....

Arrivé à la maison, bien qu'il ne se produisît point d'amélioration dans sa santé, il se montra toujours le même : calme, tranquille, résigné. Quelque temps avant la semaine de la Passion, voyant sa mère qui pleurait au pied de son lit, il lui dit : « Maman, pourquoi pleurer ainsi ? Voici la semaine des souffrances, il faut bien que je souffre un peu. Notre-Seigneur en a souffert bien d'autres, et pourtant il n'avait personne comme moi pour le consoler. » Une autre fois il lui dit encore : « Maman, je vous aime bien, et cependant je préfère mourir maintenant que plus tard, car plus tard si j'avais vécu, j'aurais pu vous causer du chagrin, et je ne serais peut-être pas aussi bien disposé que maintenant. »

Voyant que chaque jour il s'affaiblissait de plus en plus, on lui proposa de le faire mettre en extrême-onction et de lui faire apporter le saint-viatique. Louis y consentit bien volontiers et reçut ces derniers sacrements avec sa ferveur ordinaire : il éprouva même un peu après un mieux sensible, et il en profita pour se faire lire la vie du vénérable Père Libermann en qui il avait une grande confiance. Il avait demandé à son directeur de lui transcrire cette petite prière, qu'il redisait plusieurs fois dans la journée : « Mon Dieu, je vous demande de me guérir par l'intercession du vénérable Père Libermann, si vous le jugez utile pour votre gloire et pour mon salut. Mais si telle n'est pas votre volonté, ô mon Dieu, je ne veux rien autre chose que cette volonté sainte : *Fiat voluntas tua!* »

Non content de la réciter lui-même, il voulait que ses parents et les personnes qui venaient le visiter lui en fissent la lecture à haute voix. Mais parfois on ne lui en lisait que la première partie, et Louis ajoutait alors, sans faire semblant de s'être aperçu de rien : « Oui, c'est cela ! cependant *fiat voluntas tua !* »

Sa piété ne se démentit pas un seul instant au milieu de ses souffrances ; de temps en temps, il demandait qu'on le laissât seul, afin de pouvoir faire sa méditation, et son seul regret était de ne pouvoir communier aussi souvent qu'il l'eût désiré !

Pour tous ceux qui venaient le visiter, Louis avait toujours quelque bonne parole, quelque repartie fine et spirituelle. Il ne voulait point que l'on s'attristât autour de lui et tâchait de paraître gai, afin de rassurer ses parents éplorés. Vers le milieu du mois d'avril, le Père Préfet du collége, informé des progrès du mal par les lettres que lui adressait fréquemment le père de Louis, se rendit à Gourin pour lui faire une visite. Louis lui parla longtemps de la congrégation et des congréganistes, et demanda qu'on fît une neuvaine pour lui, « afin, dit-il, que le bon Dieu hâte ma guérison s'il veut que je guérisse, ou, si je dois mourir, pour qu'il m'accorde la grâce d'une bonne mort. »

Dans une seconde visite que lui firent son directeur, son professeur et quelques condisciples, pendant les vacances de Pâques, deux jours avant sa mort, Louis témoigna le plus grand plaisir en voyant tous ses meilleurs amis, comme il disait, réunis autour de son lit. Cette visite paraissant l'avoir un peu ranimé, ses parents en profitèrent pour lui offrir de prendre une tasse de bouillon, car depuis plusieurs jours il n'avait pu rien manger. Louis essaya d'en boire, et comme il ne pouvait plus avaler : « Voyons, dit-il à sa tante qui le soignait, versez là-dedans un peu d'eau de Lourdes, cela passera mieux. » Et en effet, dès qu'on y eut mêlé quelques gouttes d'eau de Lourdes, il l'avala sans peine.

Puis il demanda des nouvelles du collége, de ses condisciples, s'intéressant à tout ce qui s'était passé dans sa classe depuis son absence. « Oh! lui dit alors le P. Directeur, vous verrez que votre maladie ne vous empêchera pas d'être couronné. — Bah! donc!... au contraire! » répondit Louis, avec un accent qui montrait assez quelle signification il attachait à ces mots, et de quelle couronne il voulait parler. Et ayant pris à part le P. Directeur, il lui dit quelques mots à voix basse, et comme celui-ci lui demandait s'il n'avait rien sur le cœur qui le gênât : « Oh! non! répondit-il ; seulement j'eus bien aimé mourir en annonçant l'Évangile aux pauvres noirs. — Eh bien! mon enfant, offrez votre vie au bon Dieu pour eux. — Oui, oui, pour eux, pour les pauvres noirs, » reprit Louis, et, serrant fortement dans sa main la main du Père, il le regarda un instant avec un de ces regards profonds tels qu'en ont les mourants. « Père, dit-il, embrassez-moi bien, car c'est la dernière fois! »

A partir de ce moment, Louis tomba dans un assoupissement profond. Le jeudi 20 avril, pendant toute la journée, il eut un peu de délire, et dans la nuit, vers onze heures et demie, il entra en agonie. Pendant tout le cours de sa maladie, il avait toujours témoigné le plus vif désir de faire un pèlerinage à Sainte-Anne d'Auray. Le dernier jour, cette idée, vague d'abord, devint une idée fixe : il ne cessait de demander si tout était prêt pour le départ; les réponses qu'on lui faisait ne lui paraissaient pas toujours suffisantes, mais il se résignait à attendre. Puis il interrogeait de nouveau les personnes qui le soignaient et leur demandait l'heure (car on en était venu à lui fixer l'heure du départ). Comme elle n'arrivait pas assez vite à son gré, il s'écriait : « Ah! mon Dieu, mon Dieu ! » On eût dit qu'il éprouvait un véritable désenchantement. Cette attente lui était pénible. Un moment, durant son agonie, il se crut à Sainte-Anne : car il articula à très-haute voix ces paroles : « Mais dites-moi où est la fontaine; montrez-moi donc la fontaine ! »

Cependant minuit avait sonné, le moment suprême approchait. On avait commencé à réciter dans la chambre de Louis les prières des agonisants, ces sublimes adieux de l'Église qui accompagnent les derniers battements du cœur chrétien mourant. Louis y répondit d'abord assez distinctement ; mais quand on eut commencé les litanies de la sainte Vierge, son regard s'anima, ses yeux se portèrent tour à tour sur son crucifix, sur une image de Notre-Dame de Lourdes qu'il tenait dans ses mains, et sur son cachet de première communion suspendu à la muraille. Puis, d'une voix claire et encore forte, il commença à chanter ce cantique que tant de fois il avait répété sous les voûtes de la chapelle de N. D. de Longonnet ;

> Vive Jésus! C'est le cri de mon âme ;
> Vive Jésus, le maître des vertus.

« Deux fois, dans son pieux délire, il redit ce chant de triomphe ; mais sa voix allait toujours en s'affaiblissant ; bientôt il se tut, et le râle de l'agonie commença. Il durait depuis quelques instants, quand son père s'approcha de lui. Louis le reconnut, le serra dans ses bras, et d'une voix expirante : « Mon père, mon père!... » murmura-t-il. Il ne put achever. Comme un long sanglot s'échappa de sa poitrine, on comprit qu'il voulait prononcer encore le nom de Jésus, mais à ce moment son âme, purifiée par de longues souffrances, s'envolait vers le ciel !

———

VI

REGRETS CAUSÉS PAR LA MORT DE LOUIS. HOMMAGES RENDUS A SA MÉMOIRE PAR SES CONDISCIPLES.

A peine la nouvelle de la mort de ce cher enfant fut-elle connue au collége, que ce fut, de la part de ses condisciples et de ses maîtres, un concert de regrets et d'éloges. On était alors au milieu des vacances de Pâques, et la plupart des élèves se trouvaient au sein de leurs familles ; mais, malgré la distance, bon nombre d'entre eux entreprirent aussitôt le voyage de Gourin, afin de rendre à leur jeune ami les derniers devoirs.

Le corps de Louis avait été exposé dans une chapelle ardente : il portait ses habits de fête, sur son cœur était encore sa médaille de congréganiste, et sur sa tête on avait déposé une couronne de roses blanches, symbole de l'innocence. Ses mains jointes tenaient son chapelet de première communion; la mort n'avait pu altérer la sérénité de son visage : on eût dit qu'il dormait. C'est la dernière fois qu'il nous a été donné de contempler ses traits chéris, c'est la dernière fois qu'il nous a été donné de serrer cette main amie, déjà glacée par la mort.

Quatre congréganistes de la classe de Louis tinrent les coins du poêle pendant qu'on portait le cercueil à sa dernière demeure. C'est là, dans l'humble cimetière de la paroisse, que reposent ses dépouilles mortelles, en attendant le jour de la glorieuse résurrection (1).

L'impression que produisit cette mort sur tous les élèves fut profonde et salutaire; mais il ne s'y

______

(1) Sur la croix qui s'élève au-dessus de sa tombe, on lit cette inscription, dont le sens est aux livres saints : « *Vous m'avez pris près de vous, Seigneur, à cause de mon innocence.* »

Ses condisciples ont voulu déposer une couronne sur son tombeau, comme gage de leur affection fraternelle.

mêla rien d'effrayant. « Qu'il est heureux ! » disait-on ; et, tout en priant pour lui, ceux qui l'avaient le plus intimement connu se sentaient parfois portés à se recommander à ses prières. Dans sa classe, dès le jour de la rentrée, le professeur, à la demande de tous les élèves, dut faire un récit détaillé des derniers moments et de la mort de Louis ; des larmes brillaient dans les yeux de ses jeunes auditeurs, au souvenir de celui qu'ils avaient perdu. Tous cherchaient à se rappeler quelques traits édifiants de cette vie, qui avait été si courte et pourtant si pleine de mérites ! C'est dans cette pensée qu'on composa en l'honneur de Louis une pièce de vers latins, traduite en français par ses condisciples et dont nous citerons ici quelques passages. On verra par là combien Louis était aimé au collége, et ce sera en même temps comme le résumé et la conclusion de cette petite notice biographique.

« N'avez-vous pas vu parfois, aux premiers jours
« du printemps, les fleurs qui commençaient à en-
« tr'ouvrir leur brillant calice aux tièdes rayons du
« soleil d'avril, et à réjouir les yeux par leur fraîcheur
« printanière ? ne les avez-vous pas vues, ces fleurs,
« sous l'impression d'un froid inattendu, incliner
« tout à coup sur leur tige leur tête gracieuse, se
« flétrir et tomber ? Hélas ! lui aussi, notre ami, était

« une jeune fleur ; il avait à peine atteint le printemps
« de la vie, et l'avenir lui souriait, comme il sourit à
« tout cœur de quinze ans ! Il nous aimait et nous
« l'aimions. Il était le compagnon aimable et assidu
« de nos jeux et de nos études ; nous admirions sa
« bonté, sa douceur, sa piété..... Et aujourd'hui nous
« le cherchons en vain ; en vain nous l'appelons ! La
« place qu'il occupait au milieu de nous est vide,
« mais le vide que son absence laisse dans nos
« cœurs ne se comblera jamais !

« Ainsi donc la cruelle mort nous a ravi avant le
« temps notre bien-aimé Louis ; ainsi donc notre
« ami dort maintenant du plus profond sommeil
« sous la froide terre ! Que dis-je ! ô enfant, tu es
« bien plus heureux que nous. Dieu, qui te voyait
« lutter sur cette terre et qui t'aimait d'un amour
« tout spécial, t'a choisi dans sa bonté au milieu de
« tous tes condisciples et t'a appelé au céleste
« royaume. Il n'a pas voulu te laisser dans ce monde,
« où les plus belles fleurs se couvrent peu à peu de
« la poussière terrestre. Marie, ta tendre mère, te
« voulait auprès d'elle, elle a prié pour toi. Ton âme
« jeune et candide a plu au Seigneur, car il est le
« Dieu des cœurs purs. Bienheureux ceux qui ont
« le cœur pur, parce qu'ils verront Dieu !

« Pour nous, chers amis, ne pleurons pas sa mort :
« Louis, dans le ciel où nous espérons qu'il jouit
« d'un ineffable bonheur, demeure notre ami

« comme auparavant; c'est là que nous le retrouverons
« glorieux, avec ce cœur aimant, ce front où se pei-
« gnait l'innocence, ce sourire toujours aimable et
« bon que nous lui avons connu. Le premier, il est
« tombé dans ce combat de la vie, le premier il a été
« couronné; bientôt nous le suivrons. Combattons
« donc comme de bons soldats, qui ont toujours la
« mort devant eux et qui sont toujours prêts à là
« recevoir. Courage, amis ! encore ce jour, encore
« cette heure, comme Louis aimait à dire autrefois,
« encore ce sacrifice, et le ciel est à nous ! »

8121. — Paris. Imp. Jules Le Clere et Cᵉ, rue Cassette, 20.

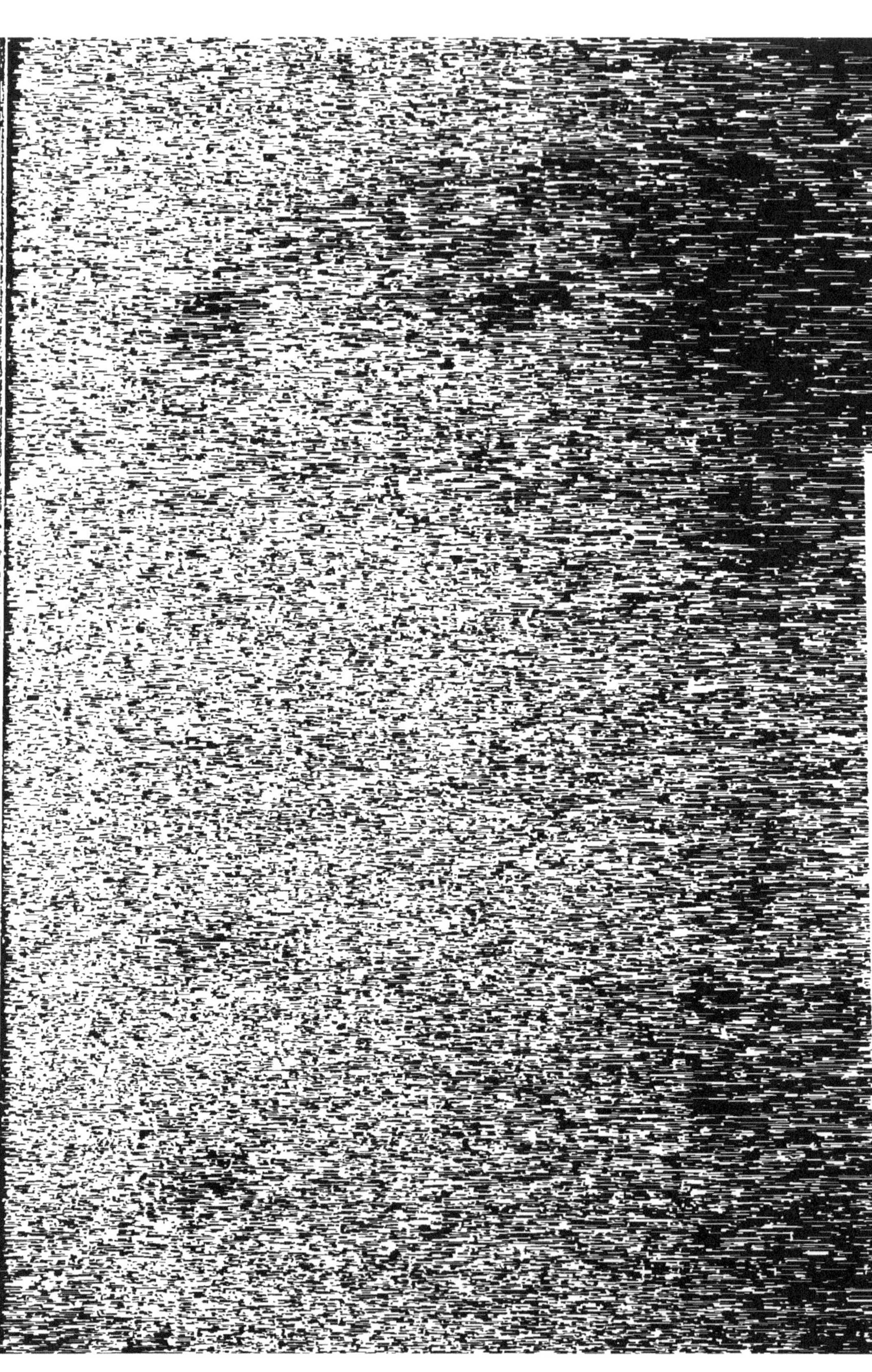

www.ingramcontent.com/pod-product-compliance
Lightning Source LLC
Chambersburg PA
CBHW061259050726
47594CB00004B/1550